Arno Helwig

Die Amerikaner im geteilten Berlin

Spurensuche im Südwesten der Stadt

ORTE DER GESCHICHTE
CH. LINKS VERLAG

Die Reihe »Orte der Geschichte« wird herausgegeben von Martin Kaule.

Dieses Buch erscheint in Kooperation mit:

Abbildungsnachweis:
AlliiertenMuseum/U.S. Army – alle, außer folgende: AlliiertenMuseum, Fotoslg. Provan/U.S. Army: S. 5, 13, 20, 25, 33, 50, 60; AlliiertenMuseum/Marion S. Coleman: S. 55; W. Chodan: S. 53; Rudolf Kessler: S. 14; Landesdenkmalamt/Wolfgang Bittner: S. 11; Stiftung Stadtmuseum Berlin/Reproduktion: Friedhelm Hoffmann, Inv.-Nr.: SM 2014-2064: S. 27; ullstein-bild: S. 26.

Die Deutsche Nationalbibliothek verzeichnet diese Publikation in der Deutschen Nationalbibliografie; detaillierte bibliografische Daten sind im Internet über www.dnb.de abrufbar.

1. Auflage, Juli 2017

Schönhauser Allee 36, 10435 Berlin, Tel.: (030) 44 02 32-0
www.christoph-links-verlag.de; mail@christoph-links-verlag.de
Umschlaggestaltung vorn unter Verwendung eines Fotos von der Auffahrt des US-Hauptquartiers (AlliiertenMuseum/U.S. Army); hinten: Eingang zum ehemaligen US-Truppenkino Outpost an der Clayallee, heute Teil des AlliiertenMuseums (AlliiertenMuseum/W. Chodan)
Satz: Eugen Lempp, Ch. Links Verlag
Druck und Bindung: Westermann Druck, Zwickau

ISBN 978-3-86153-972-8

Inhaltsverzeichnis

Einleitung

1994 verließen die letzten US-amerikanischen Soldaten Berlin. Rund fünf Jahrzehnte lang hatten sie die Stadt und das Leben der Bevölkerung wesentlich beeinflusst. Insbesondere im Berliner Südwesten, im Herzen des ehemaligen amerikanischen Sektors, sind ihre Spuren noch heute sichtbar.

Dieses Buch lädt dazu ein, über 20 ehemalige Liegenschaften der US-Streitkräfte (wieder) zu entdecken. Häufig beginnt die Historie dieser Orte vor dem US-amerikanischen Einmarsch 1945 und reicht über den Abzug der Besatzungsmächte 1994 hinaus. An einigen Stellen griffen die US-Einrichtungen die Vorgeschichte eines Ortes auf, an anderen ist die Nutzung nach Abzug der Amerikaner oder das Verschwinden der baulichen Zeugnisse erwähnenswert. In diesem Buch steht aber immer die Zeit zwischen 1945 und 1994 im Mittelpunkt.

Ein großer Teil der hier behandelten Bauwerke steht heute unter Denkmalschutz, oftmals mit Verweis auf die Zeit vor der amerikanischen Präsenz, so die ehemals Königlich Preußische Hauptkadettenanstalt oder das Telefunkenwerk aus der NS-Zeit – beide wurden von den US-Streitkräften als Kasernen genutzt. In einigen Fällen sind aber auch amerikanische Bauten aus der Besatzungszeit unter Denkmalschutz gestellt, wie die Offizierssiedlung am Dreipfuhl oder das Gebäude des US-Truppenkinos Outpost, das heute einen Teil der Ausstellung des AlliiertenMuseums beherbergt.

Wo es zu Neuerrichtungen oder zu Wiederinstandsetzungen durch die US-Besatzungsmacht kam, war in der Anfangszeit die Pionier-Abteilung der US-Armee für Planung und Umsetzung der

Soldaten des 6. US-Infanterieregiments bei einer Feldübung im Grunewald, 1959.

Maßnahmen verantwortlich, später auch das Bundesbauamt. Auf den Baustellen selbst waren stets deutsche Arbeitskräfte tätig. Finanziert wurden die Baumaßnahmen im Allgemeinen über die Besatzungskosten, die von der Bundesrepublik getragen wurden – auch im Fall West-Berlins. Den Liegenschaften, die bereits vor der Nutzung durch die US-Streitkräfte existierten, war gemeinsam, dass die USA sie meist von der Sowjetunion übernommen hatten. Die Rote Armee hatte ihrerseits bereits nach der Eroberung Berlins im April / Mai und noch vor dem Einmarsch der westalliierten Truppen im Juli 1945 zahlreiche Gebäude in Berlin requiriert.

Die Orte im Berliner Südwesten, die durch die militärische und politische Besatzung, aber auch durch den kulturellen Einfluss von Zehntausenden von US-Amerikanern geprägt wurden, sind zahlreich. Die hier präsentierte Auswahl erhebt keinen Anspruch auf Vollständigkeit. Sie zeichnet vielmehr ein aussagekräftiges Bild eines wichtigen Kapitels amerikanisch-deutscher Zeitgeschichte.

Die Amerikaner und der Berliner Südwesten

Im Oktober 1961 standen sich am Checkpoint Charlie in der Berliner Friedrichstraße sowjetische und amerikanische Panzer gegenüber. Die Besatzungsmacht USA demonstrierte in jenen Tagen ihre Entschlossenheit, für ihr Recht auf Präsenz in der geteilten Stadt und für die Freiheit West-Berlins einzutreten. Diese Haltung der Westmächte und allen voran der USA beruhte auf den vielschichtigen Erfahrungen im globalen Konflikt des Kalten Krieges. Die starke Solidarisierung mit West-Berlin und seiner Bevölkerung hatte in erster Linie strategische Gründe und war keineswegs unumstritten oder alternativlos. Sie war aber auch das Ergebnis einer durch langjähriges Engagement gewachsenen Beziehung zwischen den Amerikanern und West-Berlinern.

Die Entwicklung dieser Beziehung – von ehemaligen Kriegsgegnern hin zu Verbündeten und Freunden – hing eng mit der amerikanischen Präsenz im Berliner Südwesten zusammen. Hier war der Einfluss des militärischen und zivilen US-Personals unbestreitbar am stärksten und hier finden sich bis heute Spuren der wichtigsten Einrichtungen und Orte der amerikanischen Besatzungsmacht. Der Ortsteil Dahlem im Bezirk Steglitz-Zehlendorf war dabei von überregionaler Bedeutung für West-Berlin und die amerikanische Militärgemeinde. Nicht nur das US-Hauptquartier und die Alliierte Kommandantur – die von den Besatzungsmächten getragene oberste Staatsgewalt für Berlin – waren in dem Villenviertel verortet. Auch das soziale Miteinander verfügte hier mit *Little America* über eine durch und durch amerika-

nische Welt, die in einer eigenständigen Infrastruktur alle zentralen Lebensbereiche umfasste.
Die USA stellten mit rund 6000 Soldaten das zahlenmäßig größte Kontingent unter den westalliierten Streitkräften in Berlin. Schon bald kamen Familienangehörige hinzu, sodass die amerikanische Militärgemeinde auf mehr als das Doppelte anstieg. Während ihres durchschnittlich zwei bis drei Jahre währenden Aufenthalts führten die Amerikaner auch ein ziviles Leben in der geteilten Stadt. War die Stationierung und Unterbringung westalliierter Streitkräfte in Berlin zunächst ein Ausdruck des Hoheitsrechts der Sieger, richteten diese sich im Zuge der Verschärfung der politischen Ereignisse hin zum Kalten Krieg auf einen längeren Aufenthalt in West-Berlin ein. Insbesondere der *American way of life* gewann so im Stadtbild des Berliner Südwestens sukzessive an Einfluss. Neben politischen Maßnahmen zur

Amerikanische Panzer am Checkpoint Charlie, 27. Oktober 1961.

demokratischen Erziehung der deutschen Bevölkerung war auch die amerikanische Alltagskultur prägend für den West-Berliner Lebensstil – der Soldatensender AFN machte den Rock 'n' Roll über Rundfunk auch deutschen Hörern zugänglich und US-Markenprodukte waren in Berlin heiß begehrt. Umgekehrt gewann aber auch die geteilte Stadt an Bedeutung in den Augen der Amerikaner. West-Berlin war für sie von einer reinen Frontstadt zu einem Vorposten der westdeutschen, aber auch der amerikanischen Freiheit geworden.

Der Wandel von einer Besatzungsmacht zu einer Schutzmacht, den die USA über die Jahre in der Wahrnehmung der West-Berliner Bevölkerung durchliefen, ist eng verbunden mit ihrem Engagement in der Luftbrücke während der Berlin-Blockade 1948/49 durch die Sowjetunion. Der Flughafen Tempelhof und das Denkmal auf dem Platz der Luftbrücke sind bis heute untrennbar mit dem Einsatz der Westmächte unter Führung der Amerikaner für West-Berlin verknüpft.

Neben oft zitierten Ereignissen wie den Besuchen der US-Präsidenten John F. Kennedy oder Ronald Reagan in West-Berlin sind es vor allem Orte und ihre Geschichten, die an die Zeit der Amerikaner in Berlin erinnern. Die Glienicker Brücke etwa, die Potsdam und den US-Sektor in West-Berlin verband, hat als Agentenbrücke des Kalten Krieges internationale Bekanntheit erlangt. Die baulichen Reste der ehemaligen US-Abhörstation auf dem Teufelsberg tragen weithin sichtbar zur Erinnerung an die Spionage in dieser Ära bei. Die Gründung der Freien Universität und weiterer zahlreicher wissenschaftlicher und kultureller Einrichtungen in Berlin gehen auf die Initiative und Förderung durch Amerikaner zurück. Und im früheren US-Truppenkino Outpost

Konfetti-Parade zur Verabschiedung der US-Streitkräfte auf der Schloßstraße, 1994.

wird die Geschichte der Westmächte durch Ausstellungen des AlliiertenMuseums bis heute bewahrt und präsentiert.
Nicht alle von der amerikanischen Präsenz geprägten Orte haben Bedeutungszuschreibungen in vergleichbarer Größenordnung erhalten. Einige verweisen auch einfach auf die vielfältigen Bedürfnisse der Menschen im Alltag: von ärztlicher Versorgung bis zur Freizeitgestaltung. In ihrer Gesamtheit zeugen sie aber alle von der bedeutendsten Zeitspanne US-amerikanischen Einflusses in der Geschichte Berlins, und sie alle haben Anteil daran, dass die Amerikaner 1994 als Freunde aus Berlin schieden.
Ein deutliches Zeichen dafür, dass auch die Bevölkerung im Berliner Südwesten in überwältigender Mehrheit mit Dankbarkeit auf die vergangenen fast 50 Jahre blickte, war die große Abschiedsparade der US-Streitkräfte entlang der Schloßstraße in Steglitz im September 1994.

American Way of Life

Wohnsiedlungen 1

Siedlung am Hüttenweg, 14195 Berlin (1a)
Siedlung am Dreipfuhl, 14195 Berlin (1b)
Siedlung Düppel, 14163 Berlin (1c)

In den ersten Jahren der Besatzung waren die Soldaten der alliierten Streitkräfte in Kasernen (→ S. 33) sowie in deutschem Wohneigentum untergebracht. Die ursprünglich auf wenige Jahre angelegte Mission erforderte keine eigenen Wohnbauten. Erst nach Aufziehen des Kalten Krieges entschied man sich für eine langfristige Stationierung und begann zusätzlich mit eigenen Baumaßnahmen.
Mit über 1200 Wohneinheiten, verteilt auf mehr als 50 Wohnblöcke, erstreckte sich die Siedlung am Hüttenweg in der Nähe des US-Hauptquartiers über eine Gesamtfläche von etwa 70 Hektar. Der Spatenstich erfolgte im April 1951, ein Jahr später waren die Wohnungen in den ersten vier unterkellerten, viergeschossigen Wohnblöcken bezugsfertig. Um die Kosten gering zu halten, wurden die Baumaßnahmen in den Folgejahren häufig normiert und typisiert. Zuschnitt und Ausstattung orientierten sich an der zeitgemäßen Wohnkultur der Amerikaner. Die Außenanlagen sahen Grillplätze für Barbecue sowie Spielplätze vor. Die US-amerikanische Community bestand nicht allein aus Soldaten. Auch deren Angehörige waren in den Wohnsiedlungen untergebracht und benötigten außer Wohnraum weitere Infrastruk-

tur. Die Hüttenwegsiedlung bestach im Besonderen durch vielfältige und familienfreundliche Angebote, die zwar allen Westmächten, in erster Linie jedoch den Angehörigen der US-Streitkräfte, zur Verfügung standen. So wuchs hier mit der Zeit eine kleinstadtähnliche Struktur mit Einkaufszentrum (→ S. 16), einer Grund- und einer Oberschule, Kino (→ S. 13), Bibliothek, Sporthalle sowie einer überkonfessionellen Kirche.

Die Dreipfuhlsiedlung wurde im Stil einer amerikanischen Vorstadt gestaltet, 2015.

Nach Abzug der Streitkräfte fand der Bund kein zukunftsfähiges Nachnutzungskonzept und verkaufte 2005 an einen Investor, der die Wohnbauten modernisierte und daraus das heutige Parkviertel Dahlem entwickelte.

Im Gegensatz zu den Blockbauten am Hüttenweg boten die eingeschossigen Bungalows und die zweigeschossigen Einfamilienhäuser der Dreipfuhlsiedlung ein gehobenes Erscheinungsbild. Die 1956/57 entstandene Anlage war Offizieren vorbehalten. Die Unterbringung der US-Streitkräfte erfolgte wie beim Militär üblich nach Dienstgraden getrennt.

Trotz der Erschließung weiterer Wohneinheiten bestanden Engpässe bis weit in die 1960er Jahre. Es gab lange Wartelisten für die begehrten Wohnungen in den Siedlungen. Schließlich warteten die teilweise mietfreien Unterkünfte mit Vollausstattung und Hausmeisterservice auf. Die beschlagnahmten Berliner Altbauten waren dagegen häufig in schlechtem Zustand und entsprachen auch nicht dem amerikanischen Verständnis von modernem

Die Siedlung Düppel in Zehlendorf entstand gegen die Proteste vieler Berliner, 1980er Jahre.

Wohnen. Daher entstand ab 1967 in Düppel ein zweites groß angelegtes Wohngebiet, welches in den 1970er Jahren nochmals erweitert wurde. Der Bebauung des dafür auserkorenen Düppeler Feldes gingen juristische Auseinandersetzungen über deutsches Baurecht und geltende Bebauungspläne voraus, die Gerichte bis nach Washington beschäftigten.
Die Errichtung der Wohnanlagen für die alliierten Truppen in West-Berlin wurden über den speziellen Etat der Besatzungskosten von der Bundesrepublik Deutschland finanziert. Nach dem Auszug der amerikanischen Mieter 1994 fielen die Wohnungen deshalb an den Bund zurück und wurden bevorzugt an Personal von Bundesbehörden vergeben.

Truppenkino Outpost 2

AlliiertenMuseum, Clayallee 135, 14195 Berlin

Das Kino Outpost wurde 1952/53 im Zuge des Neubaus der Siedlung am Hüttenweg errichtet. Es war Teil der organisierten Truppenunterhaltung. Wie an jedem Auslandsstützpunkt profitierte das Publikum hier von den Sonderkonditionen der US-Filmindustrie für das US-Militär und genoss das aktuellste Filmprogramm bei geringem Eintritt. In diesem Sinne war das Outpost das Familienkino von Berlins *Little America*. Deutsches Publikum war nicht zugelassen, es sei denn, man wurde von einem amerikanischen Freund oder Bekannten zu einer Vorführung mitgenommen.

Das Kinogebäude U.S. Army Outpost Theater am Abend, Ende 1950er Jahre.

Der Kinosaal bestach durch modernste Bild- und Tontechnik und bot Platz für rund 750 Personen, 1955.

Das Outpost war das größte US-Truppenkino in Berlin. Es ersetzte das Onkel-Tom-Kino an der gleichnamigen Ladenpassage, das 1945 beschlagnahmt worden war und nun dem deutschen Eigentümer rückübertragen wurde. Die US-Armee stellte den Architekten für den Neubau: Außen zitierte Arnold Blauvelts Entwurf amerikanische und britische Kinobauten der 1930er Jahre und im Inneren beeindruckten Projektionstechnik und Akustik. Saal und Rang boten zum Zeitpunkt der Eröffnung 750 Sitzplätze. Die tief angelegte Bühne, ein Orchestergraben und Künstlergarderoben machten das Outpost zum multifunktionalen Veranstaltungsraum. Sein Name kam über einen Wettbewerb der US-Community zustande. Der gleich mehrfach eingereichte und letztlich siegreiche Vorschlag entsprach dem in den USA geläufigen Verständnis von Berlin als Vorposten der Freiheit.

In den Gebäuden des ehemaligen Truppenkinos (rechts) und der Nicholson-Gedenkbibliothek (links) befinden sich heute die Ausstellungsräume des AlliiertenMuseums, 1993.

Seit 1994 nutzt das Alliierten-Museum den denkmalgeschützten Bau als Ausstellungs- und Verwaltungsgebäude. Er war nach dem Abzug der Westmächte in die deutsche öffentliche Hand gefallen.

Zum AlliiertenMuseum zählt auch das Nachbargebäude, die frühere Bibliothek der amerikanischen Garnison, in der heute Ausstellungs- und Depoträume untergebracht sind. Sie wurde 1979 gebaut und 1985 nach Arthur D. Nicholson Jr. benannt, der in diesem Jahr im Dienst der US-Verbindungsmission vom Wachposten einer sowjetischen Kaserne bei Ludwigslust erschossen worden war. Das Freigelände zwischen Kino und Bibliothek wurde früher als Parkplatz genutzt, heute beherbergt es einen britischen Rosinenbomber aus der Zeit der Luftbrücke. Langfristig wird das AlliiertenMuseum in den Hangar 7 des ehemaligen Flughafens Tempelhof (→ S. 58) umziehen. Bis dahin bleibt der Ausstellungsbetrieb am Standort Clayallee erhalten.

Truman Plaza 3

Fünf Morgen – Dahlem Urban Village, Clayallee 169/171, 14195 Berlin

Das langfristig angelegte Engagement der Westmächte im geteilten Berlin verlangte die Versorgung der Streitkräfte mit Konsumgütern und Waren des täglichen Bedarfs. So entstand in Dahlem, dem Herzen des amerikanischen Sektors, gegenüber dem US-Hauptquartier (→ S. 36) ein *Little America*, das der gesamten amerikanischen Community im Berliner Südwesten als heimatlicher Bezugspunkt diente.
Den Anfang machte die Truman Hall, eine 1946 eröffnete, modern und hochwertig ausgestattete Kantine mit einem Speisesaal für rund 800 Personen sowie einer Cafeteria. Dafür war ein 33 Hektar großes Bauland zwischen Argentinischer Allee und Hüttenweg erschlossen worden. Die Truman Hall bestand in weiten Teilen aus wiederverwerteten Trümmern der Umgebung und war der erste Neubau, den die US-Armee in ihrem Sektor errichten ließ.
Anfang der 1950er Jahre wurde das Kantinengebäude modernisiert und zu einem Einkaufszentrum mit Parkplatz ausgebaut. Mittelpunkt war der sogenannte Post Exchange oder kurz PX – ein vom US-Verteidigungsministerium getragener Supermarkt, der der Versorgung der Soldaten vor Ort diente. Die angebotenen Waren orientierten sich durch-

Der Supermarkt Post Exchange wartete mit umfassendem Sortiment und zollfreier Ware auf, 1980er Jahre.

Die Truman Plaza gegenüber dem US-Hauptquartier bot ein Einkaufserlebnis wie in den USA, 1970er Jahre.

weg am Geschmack und der Mode in den USA und konnten überdies steuerfrei gekauft werden.
Bereits 1977 wurde die Truman Hall wieder abgerissen. Die gewachsene Zahl der amerikanischen Militärangehörigen und ihrer Familienmitglieder sowie die große Nachfrage unter den ebenfalls kaufberechtigten westalliierten Verbündeten erforderte den Ausbau der vorhandenen Läden und Angebote. Daher schuf man mit der Truman Plaza ein neues, weitläufiges Einkaufszentrum. Entsprechend amerikanischen Gewohnheiten gab es von Lebensmitteln über Bekleidung bis zu Spielzeug alles unter einem Dach. Der damalige Werbespruch der 1986 eröffneten Burger King-Filiale »A little bit of home« umreißt treffend die Bedeutung der Truman Plaza für die amerikanische Community in der Besatzungszeit.
Nach dem Abzug der Truppen 1994 wurde die Truman Plaza abgerissen. In einem neu errichteten Gebäudeensemble ist heute entlang der Clayallee erneut eine Vielzahl an Geschäften zu finden.

AFN-Funkhaus 4

Haus Penzlin, Podbielskiallee 28, 14195 Berlin

Der amerikanische Soldatensender American Forces Network (AFN) hat seinen Ursprung im Zweiten Weltkrieg. Dort versorgte er zur moralischen Unterstützung die Truppen im Ausland mit Unterhaltungsprogrammen. Nach Kriegsende eröffneten AFN-Funkhäuser in den großen deutschen Städten der US-Besatzungszone. Seit August 1945 wurden die Soldaten in Berlin von einer Villa aus, die Ende der 1920er Jahre für den Kaufmann Erich Penzlin errichtet worden war, mit Musik und Informatio-

Bis 1969 sendete der Soldatensender AFN von der Podbielskiallee aus, um 1955.

nen versorgt. Radio war ein zentrales Medium der Zeit und fester Bestandteil der Freizeitgestaltung. Während der Luftbrücke (→ S. 58) boten die Sendetürme des AFN den Piloten willkommene Unterstützung bei der Peilung.

Ein AFN-Moderator bei der Arbeit, 1967.

Die Mischung aus Swing und Jazz in den 1950er Jahren sowie aus Rock 'n' Roll, Blues und Pop in den späteren Jahrzehnten war auch bei den deutschen Zuhörern äußerst beliebt. Knapp zwei Drittel der 12 853 Hörerbriefe aus dem Jahr 1954 stammten von ihnen. Einzelne Sendungen des stets englischsprachigen Programms sowie die DJs genossen bei der deutschen Jugend Kultstatus. Amerikanische Künstler wie Benny Goodman, Ella Fitzgerald oder Louis Armstrong gaben dem AFN in Berlin gern ein Interview vor ihren Konzerten, die der Sender zudem oft live übertrug.

Mit dem Bau der Berliner Mauer wurde es für Hörer aus Ost-Berlin und der DDR deutlich riskanter, den Sender einzuschalten, da er als Sprachrohr des Klassenfeindes und potenziellen Kriegsgegners galt.

1969 wurde der AFN mit der Einführung eines eigenen Fernsehprogramms in größere Räume in der unweit gelegenen Saargemünder Straße verlegt – in die unmittelbare Nähe des US-Hauptquartiers (→ S. 36). Bis zur letzten Sendung am 15. Juli 1994 war der AFN ein starkes Bindeglied zwischen Amerikanern und Berlinern und einer der beliebtesten Botschafter der USA.

Offiziersclub im Harnack House 5

Harnack-Haus, Ihnestraße 16/18/20, 14195 Berlin

Das Harnack-Haus wurde im Mai 1929 als Vortrags- und Begegnungszentrum der Kaiser-Wilhelm-Gesellschaft, der Trägerin der zentralen deutschen Forschungsinstitute zu dieser Zeit, eröffnet. Benannt ist es nach deren erstem Präsidenten, Adolf von Harnack, der sich für die Förderung der internationalen wissenschaftlichen Zusammenarbeit einsetzte. Daher war das Harnack-Haus auch Anziehungspunkt für Wissenschaftler und Nobelpreisträger wie etwa Albert Einstein, Lise Meitner oder Otto Hahn. Die Veranstaltungen waren breit gefächert, von Vorträgen und Lesungen bis zu Filmabenden und Konzerten. In den 1930er Jahren richtete sich die Kaiser-Wilhelm-Gesellschaft zunehmend an der NS-Ideologie aus, was sich auch im Harnack-Haus bemerkbar machte.
Im Juli 1945 konfiszierte die US-Armee das Gebäude, baute es um und richtete dort einen Offiziersclub ein: aus dem Har-

Lunch im Harnack House mit dem Oberkommandierenden der US-amerikanischen Streitkräfte in Europa und Militärgouverneur in Deutschland Lucius D. Clay (hintere Reihe, vierter von links), 1947.

nack-Haus wurde das Harnack House. Besonders symbolträchtig war die erste größere Veranstaltung nach dem Krieg am 8. September 1945, bei der Zivilisten und jüdische Angehörige der US-Truppen gemeinsam das jüdische Neujahrsfest feierten. In den Folgejahren erlangte vor allem die »Marine Bar«, die im umgebauten ehemaligen Hörsaal eröffnet wurde, einen hohen Bekanntheitsgrad. 1955 entstand gegenüber dem Harnack House das Dahlem Guest House mit Apartments für Gäste der US-Armee. Neben Pressekonferenzen und Empfängen für Diplomaten fanden nun vermehrt auch Bälle und Partys statt, die gelegentlich auch Berlinern offenstanden.

Junge Gäste auf einem Benefiz-Ball im Harnack House, 1955.

Außer dem Harnack House richteten die Amerikaner auch mehrere Clubs für Unteroffiziere im Berliner Südwesten ein – etwa den »Club 48« in der Saargemünder Straße; man aß Burger mit Pommes, besuchte dort Auftritte von US-Künstlern und genoss ein Stück heimatlicher Lebensfreude. Die amerikanische Kultur war auch prägend für das Berliner Nachtleben.

Nach dem Abzug der Alliierten wurde das Harnack-Haus an die Max-Planck-Gesellschaft, die Nachfolge-Institution der Kaiser-Wilhelm-Gesellschaft, übergeben. Bei der Sanierung des Gebäudes von 2012 bis 2014 wurden viele bauliche Eingriffe der Amerikaner wieder zurückgenommen.

Wannsee Recreation Center 6

Hans Arnhold Center, Am Sandwerder 17 / 19, 14109 Berlin

Das mehrstöckige Gebäude in der damaligen Friedrich-Karl-Straße hatte die Familie Oppenheim 1886 erbauen lassen. 1927 wurde die Villa an den Bankier Hans Arnhold verkauft, der wegen seiner jüdischen Abstammung in den dreißiger Jahren in die Vereinigten Staaten emigrierte. Ab 1939 residierte Reichswirtschaftsminister Walther Funk in dem Anwesen.
Die Amerikaner requirierten das Gebäude 1945 und nutzten es bis 1952 als Offiziersclub und Gästehaus. In den Folgejahren

Das Gelände des Wannsee Recreation Center mit Pool und Anlegestelle, 1980er Jahre.

wechselten mehrfach die Besitzer und von 1953 bis 1956 waren Flüchtlinge aus der DDR in der Villa untergebracht. Anschließend übernahmen die amerikanischen Streitkräfte das Gelände erneut und eröffneten hier noch im selben Jahr das Wannsee Recreation Center, das der Erholung der Militärs und vor allem der Offiziere dienen sollte. Für einen US-Dollar konnten sie in der Villa übernachten und die vielfältigen Freizeiteinrichtungen nutzen. Dazu gehörten insbesondere der angrenzende kleine amerikanische Jachthafen, eine große Liegewiese und ein Pool. Außerdem konnten die Räumlichkeiten für private Feiern gemietet werden. Das Wannsee Recreation Center war in erster Linie ein beliebter Treffpunkt für US-Offiziere und in Berlin lebende Amerikaner, es stand aber auch offen für auswärtiges Militärpersonal auf Berlin-Besuch.

Das nahegelegene Guest House Am Sandwerder 27 stand primär dem Stadtkommandanten als Wochenendresidenz zur Verfügung, 1980er Jahre.

Die Nachfahren des ehemaligen Besitzers Hans Arnhold unterstützten nach dem Abzug der Streitkräfte im Jahr 1994 die Idee, hier die American Academy in Berlin zur Förderung der transatlantischen Beziehungen einzurichten, und spendeten dafür mehrere Millionen Dollar. Seit 1998 ist die Villa Sitz der Forschungseinrichtung und ein Ort des lebendigen wissenschaftlichen und kulturellen Austausches.

Henry-Ford-Bau der Freien Universität Berlin 7

Henry-Ford-Bau, Garystraße 35, 14195 Berlin

Die bereits im Januar 1946 wiedereröffnete Berliner Universität war nach dem Krieg die einzige der Stadt. Sie befand sich im sowjetischen Sektor und wurde 1949 in Humboldt-Universität umbenannt. Die ideologische Einflussnahme der sowjetischen Militärverwaltung auf die Lehre sowie die Verfolgung systemkritischer Studierender führte schon bald zur Forderung nach einer unabhängigen Hochschule. Mit Unterstützung der US-amerikanischen Besatzungsmacht konnte am 4. Dezember 1948 die »Freie« Universität gegründet werden.

Die Lage im US-Sektor im Südwesten Berlins ermöglichte die Nutzung ehemaliger Gebäude der Kaiser-Wilhelm-Gesellschaft, es waren aber auch Neubauten nötig. Aus dem Wunsch heraus, einen zentralen Begegnungsort für die Studierenden zu schaffen, entstand der Henry-Ford-Bau. Er sollte, wie in den USA üblich, als Hauptgebäude eines weitläufigen Universitätscampus dienen.

Die Architektur des Gebäudes setzt auf Transparenz und Offenheit und verkörpert damit die freiheitlichen Werte, für die die neu gegründete Universität stehen sollte. Benannt ist der Bau nach Henry Ford II, dem Enkel des berühmten Firmengründers der Ford Motor Company. Nach einem Besuch an der Freien Universität im Jahr 1951, bei dem er sich persönlich ein Bild der Situation vor Ort machte, veranlasste Henry Ford II die Finan-

Der Henry-Ford-Bau der Freien Universität Berlin, 1960er Jahre.

zierung des letztlich 8,1 Millionen Mark teuren Baus durch die Ford Foundation. Die Einweihung fand im Juni 1954 statt. Das Gebäude beherbergt die Universitätsbibliothek, Lesesäle, Büros, Hörsäle und Konferenzräume und ist bis heute ein zentrales Repräsentationsgebäude der Freien Universität.

Der Henry-Ford-Bau war nicht das einzige Universitätsgebäude, das mit Geldmitteln aus den USA realisiert wurde. Auch das Universitätsklinikum im Ortsteil Lichterfelde – der heutige Charité Campus Benjamin Franklin – entstand zwischen 1959 und 1968 mit der finanziellen Unterstützung der Benjamin-Franklin-Stiftung und nach Plänen amerikanischer Architekten. Ein weiteres Beispiel für architektonisch innovative Baumaßnahmen, die mithilfe der USA entstanden, ist das Studentendorf Schlachtensee in Nikolassee. Zwischen 1959 und 1964 wurde dieser aus 28 Einzelbauten bestehende Campus im amerikanischen Stil errichtet. Finanziert wurde das Gebäudeensemble durch eine Schenkung der US-Regierung und bietet bis heute Wohnraum für Studierende.

Titania-Palast 8

Cineplex Titania, Schloßstraße 4/Gutsmuthsstraße 27/28, 12163 Berlin

Der Titania-Palast wurde 1927/28 im Stil der Neuen Sachlichkeit erbaut. Markant ist der hohe, turmartige Baukörper an der Gebäudeseite zur Schloßstraße. Ein Art-Déco-Foyer begrüßte die Gäste des Filmtheaters, welches seinerzeit mit etwa 2000 Sitzplätzen zu den größten in Berlin gehörte.

Der Bau überstand den Zweiten Weltkrieg weitgehend unbeschädigt. Die amerikanische Militärregierung richtete hier bald ein Kasino mit Kino-, Konzerthaus- und Theaternutzung ein. Im Bereich des ehemaligen Cafés entstand eine Bibliothek, deren Bestände später in die Amerika-Gedenkbibliothek in Kreuzberg umzogen.

Der Titania-Palast war Bühne für vielfältige Veranstaltungen. Die Berliner Philharmoniker gaben hier im Mai 1945 ihr erstes Konzert nach dem Krieg. Auch die Gründungsfeier der Freien Universität fand Ende 1948 hier statt. Kurz vorher hatte die amerikanische Besatzungsmacht den Titania-Palast bereits zur deutschen Nutzung freigegeben.

Im Juni 1951 war der Titania-Palast Schauplatz der erstmalig stattfindenden Internationalen Filmfestspiele Berlin – der Berlinale. In den Folgejahren waren immer wieder US-Stars wie

Ansturm auf den Galaabend mit Marlene Dietrich, 1960.
Nicht alle Berliner teilten die Begeisterung für die Künstlerin, die während der NS-Zeit in die USA emigriert war.

Festwochen, Titania-Palast, Berlin, Harry Croner, 1966.

Louis Armstrong oder Josephine Baker zu Gast. Marlene Dietrich sang hier 1960 während ihrer Deutschland-Tournee erstmals seit dem Krieg wieder vor Berliner Publikum, nachdem sie bereits 1946 an gleicher Stelle einen Gastauftritt vor US-Soldaten absolviert hatte. Dennoch stagnierten die Besucherzahlen des Titania-Palasts, sodass ab 1965 für drei Jahrzehnte weder Kinofilme noch Operetten aufgeführt wurden und ab 1972 eine Probebühne in das Gebäude einzog.

Erst seit 1995 wird der denkmalgeschützte Titania-Palast wieder als Kino betrieben. Der Zugang befindet sich heute jedoch in der Gutsmuthsstraße und nicht mehr am historischen Eckeingang.

German Youth Activities – Columbus-Club 9

Villa Folke Bernadotte, Jungfernstieg 19, 12207 Berlin

Nach dem Zweiten Weltkrieg gehörte es zu den Zielen der US-Besatzungsmacht, die Deutschen für die Demokratie zu gewinnen. Auch Kinder und Jugendliche waren Adressaten der »re-education«, deren Anspruch es war, ein ganzes Volk nach der Indoktrination durch den Nationalsozialismus »umzuerziehen«. Für dieses Ziel wurden 1946 in der US-Zone Deutschlands ebenso wie im US-Sektor Berlins die German Youth Activities (GYA) ins Leben gerufen. GYA-Clubs als deren Kernstück waren zwar in die amtliche Jugendpflege eingebunden, standen aber unter der Patenschaft militärischer Einheiten der Amerikaner.
Von den elf Clubs im US-Sektor befanden sich vier in Steglitz und drei in Zehlendorf. Sie waren in der Regel in beschlagnahmten herrschaftlichen Villen untergebracht, so auch der im Juni 1947 am Jungfernstieg gegründete Columbus-Club. Die polizeiähnliche 16th Constabulary Squadron war seine Pateneinheit.
Die Clubs gaben sich fantasievolle Namen und wetteiferten untereinander um ihr Profil. Ihre Aktivitäten reichten vom Sport über Basteln und Theatergruppen bis hin zum Ferienlager am Wannsee, wo die Teilnehmer der bombenversehrten Stadt entkommen konnten. Doch oft kontrastierten schon die Clubheime mit der Lebenssituation vieler Jugendlicher, allein weil sie Raum, Licht, Wärme und manchmal auch ein warmes Essen boten. Die Clubs lebten vom persönlichen Engagement der US-Soldaten. Über alle sprachlichen Barrieren hinweg konnte ein GI, der das Baseballteam trainierte, zum persönlichen Vorbild werden.

Neben den Aktivitäten ging es immer auch um das Einüben demokratischer Regeln und Verfahren. So lernten die Jugendlichen Demokratie und Fair Play durch Erleben statt aus Büchern: ob beim Mannschaftssport, bei den häufig angesetzten Wahlen von Clubämtern, der Arbeit an der Clubverfassung oder den Redaktionssitzungen der Clubzeitungen.
Die Berliner GYA-Clubs erreichten in den Nachkriegsjahren mehrere Tausend Kinder, Jugendliche und junge Erwachsene. Von den 1949 gezählten 6000 Mitgliedern gehörten etwa 400 dem Columbus-Club an. 1953 lief das Förderprogramm aus, konnte aber durch amerikanische Spenden in kleinerer Form fortgeführt werden.
Aus dem Columbus-Club am Jungfernstieg wurde die Villa Folke Bernadotte, benannt nach dem früheren Präsidenten des schwedischen Roten Kreuzes; sie blieb der Jugendarbeit erhalten, zunächst in bezirklicher, seit 2006 in Vereinsträgerschaft.

Gemeinschaftliches Kochen in einem GYA-Club, 1950er Jahre.

Festplatz Deutsch-Amerikanisches Volksfest ⑩

Fünf Morgen – Urban Village, Areal zwischen Clayallee, Argentinischer Allee, Marshallstraße und Hüttenweg, 14195 Berlin

Am 29. Juli 1961 öffnete das Deutsch-Amerikanische Volksfest in Berlin zum ersten Mal seine Pforten. Auf dem Festplatz – der sich hinter dem amerikanischen Einkaufskomplex (→ S. 16) entlang der Clayallee zwischen Hüttenweg und Argentinischer Allee erstreckte – reihten sich für gut zwei Wochen typische Rummel-Attraktionen.

Ursprünglich vom Berliner Schaustellerverband mit Unterstützung des US-Stadtkommandanten als Einnahmequelle für die West-Berliner Kollegen ins Leben gerufen, erkannten die US-Verantwortlichen schnell den Wert des Festes für das Verhältnis zwischen der Berliner Bevölkerung und den amerikanischen Besatzern. Ein eigens von der US-Armee gestalteter Bereich auf dem Festgelände förderte in den Folgejahren den persönlichen Kontakt zu den meist uniformierten Soldaten und präsentierte auf unterhaltsame, teils folkloristische Weise amerikanische Werte und Geschichte. Vor allem aber vermittelte das Deutsch-Amerikanische Volksfest das unbeschwerte amerikanische Lebensgefühl. Dazu trugen der Verkauf von typisch amerikanischen Speisen und Getränken durch Soldaten und deren Familienmitglieder ebenso bei wie die insbesondere in den 1960er Jahren beliebte Wahl zur »Volksfest Queen«. Zudem erwartete die Besucher ein vielseitiges Bühnenprogramm, welches teils durch US-Soldaten und amerikanische Künstler bestritten wurde, aber auch durch zahlreiche in Deutschland beliebte

Der Festplatz des Deutsch-Amerikanischen Volksfests inmitten der Wohnsiedlung am Hüttenweg, 1971.

Künstler, wie etwa Cornelia »Conny« Froboess, Udo Jürgens oder Bata Illic.

Die Kulissen und Attraktionen unterstanden jedes Jahr einem anderen Motto: mal war ein Städtchen im Wild-West-Stil aufgebaut, mal gab es eine Nachbildung des Auswandererschiffs »Mayflower« zu bestaunen, dann wiederum wurden die Besucher in die Zeit des Goldrausches entführt oder sie konnten Historiendarstellern beim Kampf um das Fort Alamo im Texanischen Unabhängigkeitskrieg zusehen. Besonders in den 1960er Jahren tauchte dabei immer wieder das Leitbild des amerikanischen Einsatzes für die Freiheit auf. Für die Ideenfindung und Planung gab es gar ein eigenes »Volksfest Office«.

Das Deutsch-Amerikanische Volksfest wurde auch nach dem

Das 11. Deutsch-Amerikanische Volksfest stand unter dem Motto »The Wild West«, 1971.

Abzug der Alliierten 1994 fortgeführt. 2010 fand es jedoch zum letzten Mal am historischen Ort in Dahlem statt. Aufgrund von Bebauungsplänen für das Areal wich man in den folgenden Jahren auf einen Festplatz nördlich des Hauptbahnhofs aus. Seit 2016 steht aber auch dieser Standort nicht mehr zur Verfügung. Eine Verlegung auf das eng mit der Geschichte der Amerikaner in Berlin verknüpfte Tempelhofer Feld (→ S. 58) scheiterte, sodass im 55. Jahr seines Bestehens erstmals kein Deutsch-Amerikanisches Volksfest in Berlin stattfand.

US-Soldaten betreuen Berliner Heimkinder auf dem 19. Deutsch-Amerikanischen Volksfest, 1979.

Kasernen 11

Turner-Kaserne, Hüttenweg, 14195 Berlin (11a)
McNair-Kaserne, Goerzallee, 14167 Berlin (11b)
Roosevelt-Kaserne, Gardeschützenweg, 12203 Berlin (11c)
Andrews-Kaserne, Finckensteinallee, 12205 Berlin (11d)

Die US-Streitkräfte stellten das zahlenmäßig größte Kontingent unter den Westmächten in Berlin und waren hauptsächlich in vier Kasernen untergebracht. Die kleinste unter ihnen war die Turner-Kaserne am Rande der Wohnsiedlung am Hüttenweg (→ S. 10). Auf einem Freigelände wurden 1951 Mannschaftsgebäude und Werkstätten für die einzige US-Panzereinheit in Berlin errichtet. Im Jahr 1998 wurden die Kasernengebäude abgerissen, um Platz für die Niedrigenergiesiedlung »Am Petersberg« zu schaffen.
Die drei großen Kasernenstandorte befanden sich im Ortsteil Lichterfelde und waren bereits 1945 von den Amerikanern beschlagnahmt – im Falle der McNair-Kaserne angemietet – worden. Für letztere nutzen die Amerikaner den 1940 fertiggestellten, weiträumigen Gebäudekomplex der Telefunkenwerke. Hier waren neben Wohneinrichtungen auch verschiedene Bereiche des sozialen Lebens integriert; von ei-

Panzer in der Turner-Kaserne, 1977.

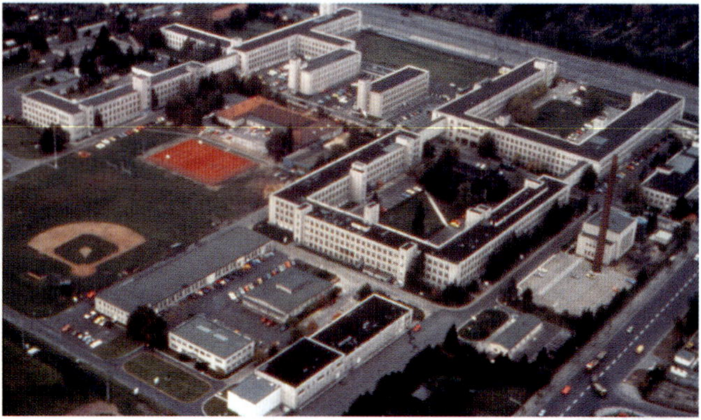

Das Areal der McNair-Kaserne, 1980er Jahre.

ner Bibliothek über eine Sporthalle bis hin zu Geschäften und Unterhaltungsangeboten. Ab 1963 beherbergte die McNair-Kaserne die einzige Artillerie-Einheit in West-Berlin. 1997 wurde das Gelände für die gleichnamige Neubausiedlung freigegeben.

Die ehemalige Kaserne des preußischen Garde-Schützen-Bataillons trug von 1945 bis 1992 den Namen Roosevelt-Kaserne. Das von 1881 bis 1884 in norddeutscher Backsteingotik errichtete Ensemble entsprach dem preußischen Kasernenideal. Das US-Militär strukturierte die Anlage weitgehend um; das Hauptgebäude wurde zur Kantine, ein Offiziershaus diente als Krankenstation und auf dem Exerzierplatz entstanden Parkplätze. Über viele Jahre war in der Roosevelt-Kaserne das Guard Bataillon stationiert, eine aus Deutschen bestehende Einheit, die für den Schutz von US-Einrichtungen zuständig war. Ab 1991 wich die Einheit in die Andrews-Kaserne aus, um dem Standortkom-

Eingang zur Andrews-Kaserne, 1970er Jahre.

mando Berlin der Bundeswehr Platz zu machen. Seit 2003 nutzt der Bundesnachrichtendienst das Areal als Außenstelle.
Auch das Gelände der Andrews-Kaserne blickt auf eine lange militärische Nutzungsgeschichte zurück, auch wenn von der Hauptkadettenanstalt aus den Gründerjahren kaum noch Spuren vorhanden sind. Zwischen 1933 und 1945 war hier die Leibstandarte SS Adolf Hitler untergebracht. Unter der amerikanischen Besatzungsmacht wurde das Areal ab 1951 erheblich erweitert: es entstanden zwei neue Mannschaftshäuser, 1953 kamen ein Kirchenbau, 1958 Wohngebäude für verheiratete Unteroffiziere und 1974 eine Satellitenfunkstation hinzu. Neben der US-Militärpolizei waren auch die Fachkräfte der Abhörstation auf dem Teufelsberg (→ S. 51) in der Kaserne untergebracht. Nach dem Abzug der Amerikaner wurde das Gelände umgebaut und dient seit 1995 dem Bundesarchiv als Standort.

General Lucius D. Clay Hauptquartier 12

US-Botschaft / The Metropolitan Gardens, Clayallee 170 / 172, 14195 Berlin

Zwischen 1936 und 1938 entstand auf dem weitläufigen Gelände an der Ecke der damaligen Kronprinzenallee zur Saargemünder Straße einer der ersten monumentalen Wehrmachtsbauten des Dritten Reichs. Der Gebäudekomplex nach Plänen von Fritz Fuß beherbergte das Luftgaukommando III der Luftwaffe.

Von 1945 an nutzten die USA die nach dem Krieg wieder instand gesetzte und von Reichssymbolen befreite Anlage zunächst als Hauptquartier der US-Militärregierung. Hier hatte General Lucius D. Clay seinen Sitz, seinerzeit Oberkommandierender der amerikanischen Streitkräfte in Europa, Militärgouverneur in Deutschland und zentrale Figur der Luftbrücke zur Versorgung West-Berlins während der sowjetischen Blockade von 1948/49. In Anerkennung seiner Leistung wurde auf Beschluss des Berliner Senats und in Anwesenheit von Oberbürgermeister Ernst Reuter am 1. Juni 1949 die Kronprinzenallee in Clayallee umbenannt – eine außerordentliche

Das Areal des US-Hauptquartiers, 1970er Jahre.

Ehre für eine zum Zeitpunkt der Umbenennung noch lebende Person. Ab dem 12. Mai 1979, dem 30. Jahrestag der Beendigung der Berlin-Blockade und gut ein Jahr nach Clays Tod, trug dann auch das Areal seinen Namen und hieß fortan offiziell General Lucius D. Clay Headquarters.

Empfang einer dänischen Delegation vor dem Hauptgebäude des US-Hauptquartiers, 1948.

Nach dem Ende der Militärregierung 1949 richteten verschiedene Dienststellen ihren Sitz auf dem knapp acht Hektar großen Gelände ein – allen voran das Büro des US-Stadtkommandanten, der Stab der Berlin Brigade, wie die Bezeichnung der US-Armee in Berlin ab 1961 lautete, sowie die US-Mission, die als diplomatische Vertretung der USA in West-Berlin fungierte und der ein Konsulat angeschlossen war. Mit dem Ende der deutschen Teilung wurden 1990 Teile des Hauptquartiers wieder freigeräumt. Im Juli 1994 wurde es schließlich ganz aufgegeben.
Seit 1995 steht der gesamte Gebäudekomplex unter Denkmalschutz. Geplante Übernahmen durch die Freie Universität Berlin oder den Bundesnachrichtendienst scheiterten. Nach Jahren des Leerstands nimmt heute mit »The Metropolitan Gardens« eine zwischen 2010 und 2017 entwickelte Anlage mit Wohn- und Business-Suiten den Großteil des Komplexes ein. An US-amerikanischen Einrichtungen ist lediglich die Konsularabteilung der Botschaft weiterhin vor Ort.

Alliierte Kommandantur 13

Präsidialamt der Freien Universität Berlin, Kaiserswerther Straße 16/18, 14195 Berlin

Die Alliierte Kommandantur übte ab 1945 die oberste Staatsgewalt für Groß-Berlin aus. Nach den ersten beiden Sitzungen der Siegermächte im sowjetischen Hauptquartier in Berlin-Karlshorst einigte man sich auf die Einrichtung eines dauerhaften Sitzes des Kontrollorgans in einem Verwaltungsgebäude im Ortsteil Dahlem – und damit inmitten des amerikanischen Sektors.
Der neoklassizistische Bau von 1926/27 war während der Luftangriffe auf Berlin im Zweiten Weltkrieg beschädigt, aber bereits nach der Beschlagnahmung durch die USA im Jahr 1945 innerhalb kürzester Zeit instand gesetzt worden.
In dem Gebäude verfügte jede Besatzungsmacht über eigene Büroräume für ihren jeweiligen Kommandanten und seine zahlreichen Mitarbeiter und Übersetzer. Die Leitung bei den Sitzungen wechselte monatlich. Die Tätigkeit der Kommandantur war in den ersten Nachkriegsjahren von zentraler Bedeutung für den beginnenden Wiederaufbau der Stadt und des öffentlichen Lebens. Alliierte Ausschüsse berieten über Fragen der Versorgung Berlins mit Nahrung, Medizin, Energie oder Wohnraum und erarbeiteten Anordnungen an den Berliner Oberbürgermeister und den Magistrat. Mit Gründung der beiden deutschen Staaten wurden ab 1949 viele Weisungsbefugnisse nicht mehr ausgeübt und die Kommandantur beschränkte sich neben einer beratenden Tätigkeit meist auf formale Kontrollen.
Zu diesem Zeitpunkt agierte die Kommandantur nur noch auf einer Drei-Mächte-Basis. Die Differenzen zwischen den West-

Die Mitarbeiterstäbe der drei westalliierten Stadtkommandanten, 1990.

mächten und der Sowjetunion in der Frühphase des Kalten Krieges hatten – kurz vor Einsetzen der Berlin-Blockade – zum Bruch geführt. Zum 1. Juli 1948 erklärte die Sowjetunion ihre Tätigkeit in der Alliierten Kommandantur für eingestellt, räumte ihre Büros und holte ihre Flagge vor dem Haus ein. Die drei westlichen Stadtkommandanten hielten jedoch stets den vierten Platz an dem acht Meter langen Konferenztisch frei und begannen die Sitzungen erst nach einer Viertelstunde Wartezeit.
Bei der letzten Sitzung am 2. Oktober 1990, dem Vortag der deutschen Wiedervereinigung, löste sich die Alliierte Kommandantur selbst auf. Anfang 1991 ging das Gebäude an den Vorkriegsbesitzer, den Verband der öffentlichen Feuerversicherungsanstalten, zurück. Dieser ließ es in den Folgejahren in den ursprünglichen Zustand versetzen. Seit 1994 hat der Präsident der Freien Universität hier seinen Dienstsitz.

Berlin Document Center 14

Wasserkäfersteig 1, 14163 Berlin

Im Jahr 1939 entstand am Wasserkäfersteig in Zehlendorf ein Gebäude, das vom Reichsluftfahrtministerium als Abhörstation genutzt wurde. Nach dem Krieg richtete die amerikanische Militärverwaltung hier das Berlin Document Center (BDC) ein, das eine umfangreiche Sammlung von Personen- und Verwaltungsakten aus der NS-Zeit verwahrte.

Die NSDAP hatte kurz vor Kriegsende verfügt, wichtige, belastende Dokumente der Parteizentrale zu vernichten. Zu diesem Zweck beförderte sie tonnenweise Unterlagen in 20 großen Lastwagen in eine bayerische Papiermühle. Doch der Besitzer der Mühle sabotierte die Vernichtung und informierte Ende Mai 1945 die US-Militärregierung in München.

Erst im Oktober erkannten die Amerikaner die Brisanz der Papiere und ließen sie nach Zehlendorf in das neu eingerichtete Document Center transportieren. Dessen Bestand umfasste die Zentrale Mitgliederdatei der NSDAP mit knapp elf Millionen Karteikarten sowie weitere knapp 600 000 Unterlagen zu Mitgliedern der SS und SA: Eine unschätzbar wertvolle Quelle für die Entnazifizierungsverfahren, die nach Kriegsende von den Alliierten und später den Deutschen selbst durchgeführt wurden. In der Hochphase der Entnazifizierung von 1946 bis 1948 richteten westalliierte Instanzen täglich bis zu 5000 Anfragen an das BDC.

Mit dem offiziellen Ende der Entnazifizierung in der Bundesrepublik Deutschland 1951 verlor das BDC stark an Bedeutung und wurde zu einem reinen Aktenarchiv unter amerikanischer Ver-

Archivierung von Dokumentenmassen im Berlin Document Center, um 1949.

waltung. Wissenschaftler und Journalisten hatten in der Folgezeit die Möglichkeit, in den Beständen zu forschen. Im Laufe der Jahrzehnte regten die Amerikaner mehrfach an, die Verwaltung des Archivs an die Bundesrepublik zu übergeben. Auf deutscher Seite war man jedoch lange nicht gewillt, dieses schwierige Erbe zu verwalten.

Erst nach der Wiedervereinigung und dem daraus resultierenden Abzug der Amerikaner aus Berlin übernahm das Bundesarchiv 1994 die Hoheit über die Akten des BDC. Allerdings verfügen die National Archives in Washington D.C. über eine vollständige Mikrofilmkopie des gesamten Materials, die man vor der Übergabe in deutsche Hände angefertigt hatte. Seit 1996 befinden sich die Unterlagen am neuen Sitz des Bundesarchivs in Berlin-Lichterfelde (→ S. 35), wo sie heute einsehbar sind.

Joint Allied Refugee Operations Center Berlin 15

Sven-Hedin-Straße 11, 14163 Berlin

Das Joint Allied Refugee Operations Center Berlin (JAROC (B)) war nachrichtendienstlich für die USA von Bedeutung. Zum Aufgabengebiet der Einrichtung gehörte die Aktensichtung und Befragung von Personen aus dem sowjetischen Machtbereich.
Einen wichtigen Baustein dafür bildete die dem JAROC (B) unterstellte alliierte Sichtungsstelle im Notaufnahmelager Marienfelde – ebenfalls im amerikanischen Sektor gelegen. Jeder Flüchtling oder Übersiedler aus der DDR, der hier eine Aufnahme in den Westen anstrebte, musste ein geregeltes Verfahren durchlaufen. Nach einer ärztlichen Untersuchung war die Sichtungsstelle aufzusuchen. Deutete sich dabei an, dass eine Person über nachrichtendienstlich verwertbare Kenntnisse verfügte – etwa über Truppenbewegungen, Atomprogramme, sensible Dokumente – wurden die Befragungen in der Sven-Hedin-Straße und andernorts intensiviert. Oftmals geschah dies ohne Rücksicht auf das Aufnahmeverfahren im Notaufnahmelager.
Immer wieder kam es zu Auseinandersetzungen zwischen alliierten, bundesdeutschen und West-Berliner Behörden darüber, wer zuerst relevante Informationen einholen dürfe. Allen voran die USA argumentierten, dass eine effiziente Aufklärungsarbeit für die Sicherheit und Existenz West-Berlins unumgänglich sei.
Das Personal des JAROC (B) war häufig mehrsprachig und musste äußerst loyal sein – Verbindungen in die Sowjetunion waren tabu.
Nach dem Kalten Krieg nutzten gleich mehrere Präsidenten des Bundesnachrichtendiensts die Villa als Dienstsitz.

Militärbahnhof Lichterfelde-West 16

S-Bahnhof Lichterfelde-West, Hans-Sachs-Straße, 12205 Berlin

Für den Schienentransport unterhielten die drei Westmächte ihre eigenen Bahnhöfe in West-Berlin. Das Rail Transportation Office (RTO) der US-Armee war in den ersten beiden Besatzungsjahren in Wannsee untergebracht. 1947 wurde es an den Bahnhof Lichterfelde-West verlegt und damit näher an die wichtigen militärischen Einrichtungen und Kasernen (→ S. 33).
Dafür wurden im Bereich des Güterbahnhofs Funktionsgebäude errichtet. Das RTO war getrennt von Bahnsteig und Gleisen des Berliner Nahverkehrs und operierte eigenständig. Zwischen Lichterfelde-West und Frankfurt am Main sowie Bremerhaven rollten tonnenweise Güter sowie regelmäßig schweres Militärgerät. Vor allem aber war die Strecke wichtig für den Truppentransport. Der sogenannte Duty Train verkehrte täglich auf beiden Strecken und Richtungen und war westalliierten Militärs und Angehörigen vorbehalten. Während des Transits durch die DDR waren Lokomotiven der deutschen Reichsbahn vorgespannt.
Mit der Deutschen Einheit 1990 stellten die Militärzüge ihren Dienst ein. Das RTO wurde mit dem Abzug der Streitkräfte schließlich ganz aufgegeben und die eigens errichteten amerikanischen Bauten 2008 nahezu komplett abgerissen. Heute dominiert wieder allein das Bahnhofsgebäude im Stil einer toskanischen Villa aus dem Jahr 1872 das Gelände. Es wurde seinerzeit zur Erschließung der Villenkolonie Lichterfelde errichtet und wird von der Berliner S-Bahn genutzt.

Militärkrankenhaus 17

Fabeckstraße 60/62, 14195 Berlin

Um den in Berlin stationierten US-Soldaten und ihren Angehörigen eine modernen Ansprüchen genügende medizinische Versorgung zu ermöglichen, ließ die US-Armee in der Fabeckstraße ein Krankenhaus errichten. Der 1976 fertiggestellte Bau besteht im Wesentlichen aus einem ausgedehnten eingeschossigen Haupthaus, über das sich ein dreigeschossiges Bettenhaus mit Platz für bis zu 200 Patienten erhebt. Aus Zeit- und Kostengründen wurde das Gebäude aus Fertigteilen aus Stahlbeton zusammengesetzt. Die Raumausstattung – mit Trinkbrunnen in den Fluren und warmen Wandfarben – entsprach den Gewohnheiten der amerikanischen Patienten, die hier eine umfassende Betreuung genossen. Abgesehen von den Abteilungen zur Routineversorgung ver-

Der Neubau des US-Militärkrankenhauses, 1980er Jahre.

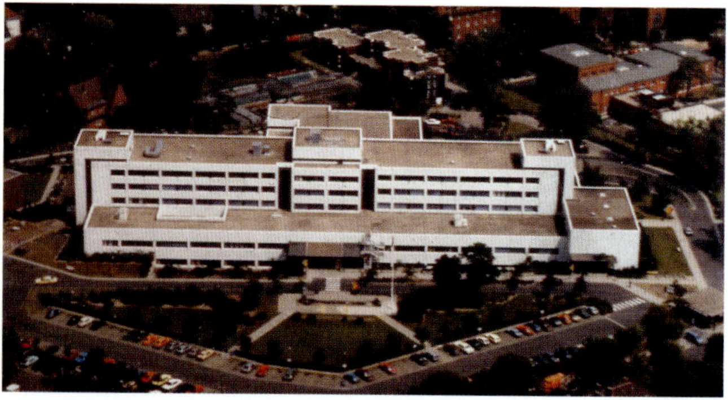

fügte das Krankenhaus über eine Geburtsstation und Kinderklinik für die in Berlin geborenen Soldatenkinder und sogar über eine veterinärmedizinische Abteilung für die Haustiere der stationierten US-Streitkräfte.

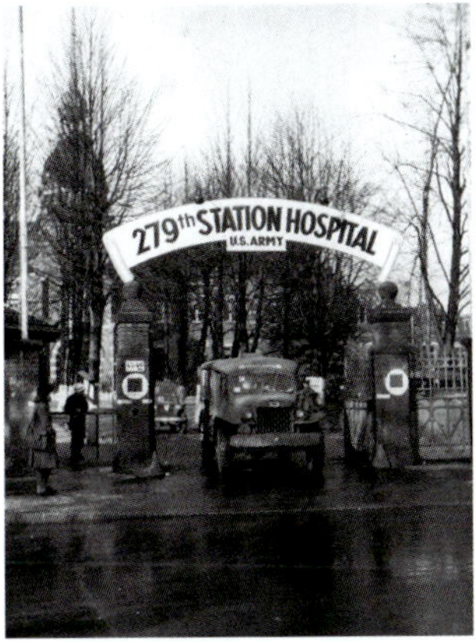

Einfahrt des ersten US-Militärkrankenhauses auf dem Gelände des ehemaligen Stubenrauch-Krankenhauses, 1960er Jahre.

Von 1945 an bis zur Fertigstellung des Neubaus – und damit die längste Zeit der Besatzung – unterhielt die US-Armee ihr Krankenhaus auf dem Stubenrauch-Areal, das sich in unmittelbarer Nachbarschaft des späteren Neubaus entlang der Fabeckstraße in Richtung der Straße Unter den Eichen erstreckt. Hier entstanden bereits um 1900 in Pavillon-Bauweise die ersten Gebäude des Kreiskrankenhauses der Stadt Teltow. Sowohl im Ersten als auch im Zweiten Weltkrieg diente das Gelände bereits als Militärkrankenhaus, ehe es von den US-Streitkräften beschlagnahmt wurde.

In Teilen der alten Bauten Unter den Eichen findet sich heute eine Zweigstelle der Bundesanstalt für Materialforschung und -prüfung. Das Gebäude in der Fabeckstraße aus den 1970er Jahren wurde 1994 dem Land Berlin übergeben. Nach zeitweisem Leerstand sind hier mehrere Forschungseinrichtungen untergebracht.

Übungsplätze 18

Schießplatz Keerans Range, Kronprinzessinnenweg, 14193 Berlin (18a)
Schießplatz Rose Range, Stahnsdorfer Damm, 14109 Berlin (18b)
Übungsplatz Parks Range mit Häuserkampfanlage Doughboy City, Osdorfer Straße, 12207 Berlin (18c)

Während des Kalten Krieges galt Berlin als ein möglicher oder gar wahrscheinlicher Schauplatz von Kampfhandlungen. Dies zeigten nicht zuletzt die Lehren der Berlin-Blockade 1948/49 (→ S. 58) oder der Panzerkonfrontation am Checkpoint Charlie 1961 (→ S. 48). Häuser- und Straßenkämpfe gehörten demnach zur Verteidigungsstrategie der Westmächte. Die isolierte Lage Berlins inmitten der DDR stellte eine Herausforderung dar. Die beengte Situation in der Halbstadt bot zudem kaum Raum, um sich für den Fall einer militärischen Auseinandersetzung vorzubereiten. Den Ernstfall probten die Streitkräfte der Westmächte daher in Sanierungsgebieten mitten in der Stadt sowie auf Schieß- und Übungsplätzen.

Der Schießplatz Rose Range, nahe des Kontrollpunktes Dreilinden (→ S. 48) gelegen, wurde bereits seit 1945 durch die US-Armee genutzt. Die südliche Grenze des hauptsächlich aus Waldfläche bestehenden über 100 Hektar großen Sperrgebietes stieß direkt an die DDR und später den Außenring der Berliner Mauer. Das Gelände der Keerans Range wurde ab 1946 betrieben und war mit etwa 23 Hektar und nur wenigen Gebäuden ein relativ kleines Areal. Hier wurden hauptsächlich Schießübungen abgehalten.

Parks Range wurde 1953 bezogen und sollte zur bedeutendsten der drei Einrichtungen werden. Zur Simulation von Gefechten in

Häuserkampfübung in Doughboy City, 1970er Jahre.

Der Schießplatz Keerans Range, 1980er Jahre.

bebautem Gebiet wurde 1975 mit Doughboy City eigens eine Häuserkampfanlage eingerichtet. Die Geisterstadt umfasste zum Schluss 18 Gebäude, darunter einen kompletten U-Bahnhof-Nachbau mit 6 Meter hohem Bahndamm, ausrangierten U-Bahn-Beiwagen und etwa 200 Meter Gleis. Auf rund 72 Hektar erfolgten hier fast täglich Übungen – häufig auch in der Nacht und zum Ärgernis der Bewohner, die sich durch Hubschraubereinsätze, den Abschuss von Übungsmunition und Leuchtspurgeschossen oder von durch die Straßen ziehenden Verbänden gestört fühlten.

Neben den in West-Berlin stationierten US-Einheiten trainierten hier bisweilen auch Einheiten der Briten und Franzosen und sogar der West-Berliner Polizei. Darüber hinaus reisten monatlich US-Ausbildungskompanien aus der Bundesrepublik an, um in Parks Range Straßenkampf, Überwindung von Barrikaden und das Vorgehen bei militant verlaufenden Demonstrationen einzuüben. Nach dem Abzug der US-Streitkräfte 1994 wurde die Anlage abgerissen und das Gelände renaturiert. An den einstigen Übungsplatz erinnert heute kaum noch etwas.

Checkpoints 19

Checkpoint Bravo, Potsdamer Chaussee 62, 14109 Berlin (19a)
Checkpoint Charlie, Friedrichstraße, 10117 Berlin (19b)

Der Autoverkehr der Westmächte von und nach Berlin führte notwendigerweise durch die DDR. Für diesen Zweck gab es eine festgelegte Transitstrecke. An der Zugangsstraße nach Berlin wurden seit 1946 Checkpoints unterhalten für deren Bezeichnungen die international gebräuchliche Buchstabiertafel zum Einsatz kam: Alpha in Helmstedt in Niedersachsen und Bravo in Dreilinden, das zu Berlin-Zehlendorf gehört. 1961 kam mit Charlie ein weiterer Checkpoint mitten in Berlin hinzu.

Neben den Patrouillen entlang der Mauer war die Einrichtung des Checkpoint Charlie die sichtbarste Reaktion der Westmächte auf die Teilung Berlins. Heute zählt er zu den bekanntesten Symbolen des Kalten Krieges überhaupt. Der Checkpoint Charlie stand auf westlicher Seite gegenüber der Grenzübergangsstelle Friedrichstraße, wo seit dem Mauerbau die Einreise von Ausländern nach Ost-Berlin abgewickelt wurde. Aus Sicht der DDR fiel darunter auch westalliiertes Personal. Am Checkpoint Charlie berief man sich dagegen auf den Vier-Mächte-Status, der Amerikanern, Briten, Franzosen und Sowjets kontrollfreie Fahrt innerhalb ganz Berlins garantierte.

Diese unterschiedliche Auffassung drohte während der amerikanisch-sowjetischen Panzerkonfrontation militärisch zu eskalieren. Um die DDR-Grenzer vom Kontrollieren von US-Personal abzuhalten, reagierten die Amerikaner im Oktober 1961 zunächst mit bewaffneten Eskorten und verlegten später Panzer an den Checkpoint. Als Antwort auf diese Drohkulisse fuhren auf der Gegenseite sowjetische Panzer auf – und nicht etwa DDR-Panzer, womit für die USA bewiesen war, wer in Ost-Berlin weiterhin das Sagen hatte. Letztlich blieb der Status Quo bestehen und beide Seiten zogen ihre Panzer wieder geordnet ab.

Checkpoint Bravo, um 1950.

In den folgenden Jahren wurde der Checkpoint mehrfach in Größe und Beschaffenheit verändert, wahrte dabei aber – bis auf seinen überdimensioniert hohen Flaggenmast mit dem weithin sichtbaren Sternenbanner – immer ein recht unschein-

Checkpoint Bravo nach seiner Schließung, Ende 1990.

Amerikanische Staatsbürger erhalten am Checkpoint Charlie Verhaltenshinweise, 1966.

bares und provisorisches Äußeres. Anders als sein Pendant auf Ost-Berliner Seite wollte und sollte der Checkpoint nicht die Funktion eines Grenzübergangs einnehmen. Zunächst war der Checkpoint rein amerikanisch besetzt, aber schon bald stand dort auch britische und französische Militärpolizei auf Posten. Man gab seinen Landsleuten Verhaltensregeln für einen Tagesaufenthalt in Ost-Berlin an die Hand und zählte um Mitternacht durch, ob alle zurückgekehrt waren.

Der Checkpoint Charlie blieb in Betrieb, bis ihn 1990 die Wiedervereinigung zum Museumsstück machte. Eine Fassade von 1961 sowie das letzte Containerhäuschen sind heute im AlliiertenMuseum zu sehen; am historischen Standort befindet sich eine Nachbildung.

Field Station Berlin auf dem Teufelsberg 20

Abhöranlage, Teufelsseechaussee 10, 14193 Berlin

Auf dem Gelände zwischen der Heerstraße und dem Teufelssee in Charlottenburg sollte während der NS-Zeit die »Hochschulstadt Berlin« entstehen. Doch nicht einmal das rund 32 Meter hohe Hauptgebäude der Wehrtechnischen Fakultät wurde fertiggestellt. Nach dem Krieg wurde der Rohbau unter Millionen Kubikmetern Kriegsschutt aus Berlin begraben. Mit seinen etwa 120 Metern Höhe ist der so entstandene Trümmerberg eine der höchsten künstlichen Erhebungen der Stadt, seinen Namen »Teufelsberg« erhielt er vom nahegelegenen Teufelssee.

Diese Anhöhe weckte in den 1960er Jahren das Interesse sowohl der britischen Besatzungsmacht, in deren Sektor der Berg lag, als auch das der amerikanischen. In Kombination mit der besonderen Lage West-Berlins – inmitten der DDR und in Reichweite von Polen und der Sowjetunion – bot der Teufelsberg ideale Bedingungen für nachrichtendienstliche Tätigkeiten. Zunächst wurden dort mobile Abhöranlagen eingesetzt, ehe die Amerikaner zwischen 1969 und 1971 eine permanente Abhörstation errichteten. Ab 1972 hörten die beiden Westmächte vom Teufelsberg aus rund um die Uhr unter anderem die Funk-Kommunikation mehrerer Warschauer-Pakt-Staaten ab. Bis zu 1000 Amerikaner und rund 500 Briten waren dort im Drei-Schicht-Betrieb mit nachrichtendienstlichen Tätigkeiten beschäftigt. Sprachkenntnisse des Personals in Deutsch, Polnisch und Russisch waren von großer Bedeutung.

Die Field Station Berlin, wie die US-Abteilung auf dem Teufels-

Die Abhörstation auf der Anhöhe des Teufelsbergs, Ende 1980er Jahre.

berg bezeichnet wurde, gab alle gesammelten Informationen an die National Security Agency (NSA) weiter, wo die Auswertung und Beurteilung der Daten stattfand. Die Anlage auf dem Teufelsberg stand im Verbund mit weiteren in Berlin befindlichen amerikanischen und britischen Einrichtungen, die sich etwa auf den Aschberg in Marienfelde, den Flughafen Tempelhof und den Flugplatz Gatow verteilten. Die funkelektronische Aufklärung, die an diesen Orten betrieben wurde, war überdies in der Lage, ein Frühwarnsystem für Flugbewegungen seitens des Warschauer Paktes in einer Entfernung von bis zu 500 Kilometern zu entwickeln.

Die Field Station Berlin gilt als eine der effektivsten nachrichtendienstlichen Einheiten im Kalten Krieg. Die damals gesammelten Informationen sind jedoch bis heute unter Verschluss.

Spuren des Vandalismus auf dem Teufelsberg, 2009.

Nach Räumung der Anlage 1992 blieben lediglich die leeren Gebäude und die weithin sichtbaren kugelförmigen Radome, die ursprünglich als Schutzhüllen für die empfindlichen Antennen fungierten, zurück. 1996 erwarb eine Investorengesellschaft ein 4,7 Hektar großes Stück des Geländes. Allerdings konnte die geplante Hotel- und Luxuswohnanlage aufgrund von steigenden Kosten und Protesten verschiedener Interessensgruppen nie realisiert werden. Seit 2006 ist das Gelände als Waldfläche ausgewiesen und Baumaßnahmen sind damit gänzlich verboten. In den folgenden Jahren verfielen die Gebäude und wurden durch Vandalismus beschädigt. 2011 ließ sich eine Künstlergruppe auf dem Teufelsberg nieder, kultivierte die Street-Art-Szene und schuf den Rahmen für historische Führungen auf dem Gelände. Trotz immer neuer Initiativen bleibt die Zukunft dieses einzigartigen Ortes des Kalten Krieges weiter ungewiss.

Glienicker Brücke 21

Glienicker Brücke, Königstraße, 14109 Berlin

Die Glienicker Brücke führt über die Havel und verbindet den Südwesten Berlins mit Potsdam. Nachdem sie im Zweiten Weltkrieg stark zerstört worden war, konnte sie instand gesetzt und im Dezember 1949 wiedereröffnet werden. Doch schon wenige Jahre später schloss die DDR diesen Zugang nach West-Berlin: 1952 zunächst für den privaten Autoverkehr und 1953 schließlich für den gesamten Grenzverkehr.

Zu den Wenigen, die die Brücke sogar noch nach dem Mauerbau 1961 passieren durften, gehörte das Personal der Militärverbindungsmissionen der Westmächte. Diese Einrichtungen dienten der Kommunikation mit dem ehemaligen Kriegsverbündeten, der Sowjetunion. Diese Missionen hatten ihren Dienstsitz in Potsdam, während das Personal in West-Berlin wohnte und die Brücke regelmäßig überqueren musste.

Nachdem Major Arthur D. Nicholson Jr., ein Mitarbeiter der US-Mission, bei einer Erkundungsfahrt in der DDR von einem sowjetischen Wachsoldaten erschossen wurde, überführte man seinen Leichnam über die Glienicker Brücke nach West-Berlin, 1985.

Ende des amerikanischen Sektors an der Glienicker Brücke, vor 1953.

Dreimal – 1962, 1985 und 1986 – kam es während des Kalten Krieges auf der Brücke zu einem Austausch von gefangenen Spionen und anderen wichtigen Personen, was der Glienicker Brücke in den Medien den Beinamen »Agentenbrücke« einbrachte. Insgesamt wurden 29 Personen in den Westen und neun in den Osten entlassen. Zu den prominentesten Namen gehörten 1962 der US-Pilot eines U-2-Spionageflugzeugs, Gary Powers, und der sowjetische Spion Rudolf Abel oder 1986 der sowjetische Dissident Anatoli Schtscharanski, bei dessen Übergabe an den Westen ein Millionen-Publikum vor dem Fernseher dabei war. Die »Brücke der Einheit«, wie ihr offizieller Name zu DDR-Zeiten war, war jahrzehntelang ein Symbol der deutschen Teilung und des Kalten Krieges. Seit dem 10. November 1989 ist die Glienicker Brücke wieder offen und heute ein beliebter Ausflugsort.

Exklave Steinstücken 22

Steinstücken, 14109 Berlin

Steinstücken zählt etwa 300 Einwohner und gehört zu Steglitz-Zehlendorf, obwohl es etwa einen Kilometer jenseits der Berliner Stadtgrenze in Brandenburg liegt. Während des Kalten Krieges befand sich der Ort isoliert außerhalb des eigentlichen West-Berliner Stadtgebiets in der DDR. Nach Zehlendorf führte ein von DDR-Grenzern immer wieder gesperrter Feldweg.

1951 stand gar der Fortbestand der Exklave Steinstücken als Bestandteil West-Berlins auf dem Spiel. Im Oktober besetzten Volkspolizisten das kleine Gebiet und die DDR strebte die Annexion Steinstückens durch Eingemeindung in das Potsdamer Stadtgebiet an. Proteste der Bewohner und das diplomatische Einschreiten der US-Besatzungsmacht erreichten jedoch nach wenigen Tagen die Rückgabe der Exklave.

1961 rückte Steinstücken erneut auf die politische Landkarte des Ost-West-Konfliktes. Verantwortlich hierfür war Ex-General Lucius D. Clay, seit der Luftbrücke einer der großen Helden der Freiheit West-Berlins. Ihn hatte US-Präsident John F. Kennedy in die geteilte Stadt entsandt, um das Vertrauen der West-Berliner in die alliierten »Schutzmächte« zu-

US-Militärpolizei nimmt Lieferungen für Steinstücken entgegen, 1962.

Die Exklave Steinstücken inmitten der DDR, 1971.

rückzugewinnen. Vor allem den Amerikanern hatte man Passivität gegenüber dem Mauerbau vorgeworfen.
Von Tempelhof (→ S. 58) aus ließ sich Clay per Hubschrauber nach Steinstücken bringen. Dort ließ er Militärpolizisten auf Posten zurück und veranlasste Patrouillen in die Exklave. Die regelmäßigen Flüge dorthin glichen einer kleinen Luftbrücke, an die heute ein Denkmal aus zwei Rotorblättern am früheren Hubschrauberlandeplatz erinnert.
Für die Bewohner Steinstückens fand man erst 1971, im Zuge des Vier-Mächte-Abkommens, eine erträgliche Lösung durch die Schaffung eines Straßenkorridors.

Zentralflughafen Tempelhof 23

Platz der Luftbrücke 5, 12101 Berlin

Tempelhof kann für sich beanspruchen, eine Wiege der europäischen Luftfahrt zu sein. Seit 1923 befand sich hier ein ziviler Flughafen. Mit dem 1936 begonnenen Vorhaben, diesen Standort zu einem »Weltflughafen« auszubauen, erhielt Deutschland eines seiner prägnantesten nationalsozialistischen Bauwerke. Während des Krieges wurde das 1,2 Kilometer lange Gebäude für die Rüstungsproduktion zweckentfremdet, die auf der Zwangsarbeit von mehr als 3000 Männern, Frauen und Kindern beruhte.
1945 begann die amerikanische Ära des Flughafens als Tempelhof Central Airport. Bis 1993 war Tempelhof Stützpunkt der US-Luftwaffe mit durchschnittlich 1000 amerikanischen Militärs und 600 deutschen Beschäftigten, jedoch ohne eigenes Flug-

Luftbrückenflugzeuge werden auf dem Flughafenvorfeld entladen, 1948.

Tag der offenen Tür des US-Luftwaffenstützpunkts Tempelhof mit jährlichen Besucherzahlen im sechsstelligen Bereich, 1965.

gerät. Die dort stationierten Hubschrauber und Kleinflugzeuge kommandierte die US-Armee im Südwesten Berlins. Auftrag der hochspezialisierten Bodentruppen in Tempelhof war es, den reibungslosen Flugverkehr zwischen West-Berlin und Westdeutschland zu gewährleisten. Der Luftraum der DDR war gerade in politisch spannungsgeladenen Zeiten ein sensibles Thema.

Tempelhof ist untrennbar mit der Luftbrücke verbunden. Über zehn Monate gelang den Westmächten 1948/49 die Versorgung von rund zwei Millionen West-Berlinern aus der Luft. Tempelhof bewältigte den Großteil des Frachtvolumens, wobei mit Deutschen und Amerikanern einstige Kriegsgegner Seite an Seite zusammenarbeiteten. Die Luftbrücke sorgte auch für einen Modernisierungsschub: unbefestigte Pisten erhielten ein solides Fundament und die Flugsicherung wurde auf den neuesten Stand gebracht.

Ab 1950 überließ die US-Luftwaffe dem zivilen Luftverkehr die gesamte südliche Hälfte des Flughafenkomplexes. Am Tempelho-

Das Denkmal am Platz der Luftbrücke, Mitte 1950er Jahre.

fer Damm entstand ein neues Abfertigungsterminal und 1962 ging die zentrale Abflughalle in Betrieb. Das Besatzungsrecht der vier Mächte brachte mit sich, dass von Tempelhof aus nur Ziele in Westdeutschland angeflogen werden durften und ausschließlich durch die nationalen Fluglinien der Westmächte, nämlich PanAm, British Airways und Air France. Für die West-Berliner, aber auch für Tausende DDR-Flüchtlinge stellte der Flughafen dennoch das »Tor zur freien Welt« dar. Erst mit der Deutschen Einheit 1990 wurde Tempelhof nun auch wieder von der Deutschen Lufthansa angeflogen.

2008 wurde der Flughafen Tempelhof geschlossen. Ein Volksbegehren kippte 2014 die geplante Randbebauung des ehemaligen Flugfeldes, das als innerstädtischer Park erhalten bleibt. In das Flughafengebäude sollen dauerhaft Kultur- und Kreativwirtschaft einziehen. Das Dach und der frühere Tower werden öffentlich zugänglich sein und im Hangar 7 ist die Neueröffnung des AlliiertenMuseums vorgesehen.

Weiterführende Literatur

Bavendamm, Gundula (Hg.): Wie ein Pulverfass! Berlin-Krise und Mauerbau, Berlin 2011.
Ausstellungsband des AlliiertenMuseums über die Hochphase des Kalten Krieges in Berlin.

Daum, Andreas W.: Kennedy in Berlin. Politik, Kultur und Emotionen im Kalten Krieg, Paderborn 2003.
Beschreibt die »special relationship« zwischen Berlin und Amerika.

Juchler, Ingo: Amerikaner in Berlin. Der historische Reiseführer, Berlin 2016.
Informatives Nachschlagewerk mit Plänen und Fotos für Erkundungen in ganz Berlin.

Landesdenkmalamt Berlin (Hg.): Denkmale in Berlin. Bezirk Steglitz-Zehlendorf – Ortsteil Dahlem, Petersberg 2011.
Unverzichtbar für Interessierte an Baugeschichte und Architektur.

Rott, Wilfried: Die Insel. Eine Geschichte West-Berlins 1948 – 1990, München 2009.
Schön zu lesende, detailreiche und pointierte Geschichte West-Berlins.

Trotnow, Helmut / Kostka, Bernd von (Hg.): Die Berliner Luftbrücke. Ereignis und Erinnerung, Berlin 2010.
Internationale Sichtweisen auf ein Jahrhundertereignis der Stadtgeschichte.

Trotnow, Helmut / Weiß, Florian (Hg.): Tear down this Wall. US-Präsident Ronald Reagan vor dem Brandenburger Tor, 12. Juni 1987, Berlin 2007.
Ausstellungsband des AlliiertenMuseums, reich an historischen Perspektiven und Abbildungen.

Wetzlaugk, Udo: Die Alliierten in Berlin, Berlin 1988.
Immer noch grundlegend für das Verständnis des komplizierten Vier-Mächte-Status Berlins.

Anschriften

Amerikaner im Berliner Südwesten
mobile Website, freie Tour
www.amerikaner-in-berlin.de

AlliiertenMuseum
Clayallee 135, 14195 Berlin
www.alliiertenmuseum.de

Alliierte in Berlin e. V.
Kurt-Schumacher-Damm 42–44,
13405 Berlin
www.alliierteinberlin.de

West Alliierte in Berlin e. V.
Olympischer Platz 7, 14053 Berlin
www.west-alliierte-in-berlin.de

Deutsch-Russisches Museum
Berlin-Karlshorst
Zwieseler Straße 4, 10318 Berlin
www.museum-karlshorst.de

Museum The Kennedys
Auguststraße 11–13, 10117 Berlin
www.thekennedys.de

Bibliothek des John-F.-Kennedy-Instituts
für Nordamerikastudien
Lansstraße 7–9, 14195 Berlin
www.jfki.fu-berlin.de

Stiftung Berliner Mauer
Bernauer Straße 111, 13355 Berlin
www.stiftung-berliner-mauer.de

Tempelhof Projekt GmbH
Columbiadamm 10
Gebäude D2
12101 Berlin
www.thf-berlin.de

Projekt Teufelsberg
Teufelsseechaussee 10
14193 Berlin
www.teufelsberg-berlin.de

Der Autor

Arno Helwig, Historiker
Seit 2016 am AlliiertenMuseum, dort verantwortlich für das Projekt »Amerikaner im Südwesten«; zuletzt Co-Kurator der Sonderausstellung »100 OBJEKTE. Berlin im Kalten Krieg« und Mitherausgeber des Ausstellungskatalogs

Unter Mitwirkung von:

Bernd von Kostka, Kurator
Seit 1994 wissenschaftlicher Mitarbeiter am AlliiertenMuseum mit dem Schwerpunkt Großbritannien; Co-Autor und Autor der Publikationen »Hauptstadt der Spione« und »Ferien vom Kalten Krieg« sowie weiterer Aufsätze; seit April 2016 kommissarischer Direktor des Alliierten-Museums

Florian Weiß, Kurator
Seit 1994 wissenschaftlicher Mitarbeiter am AlliiertenMuseum mit dem Sammlungs- und Ausstellungsschwerpunkt USA

Luisa Taschner, Museumswissenschaftlerin
Seit 2016 wissenschaftliche Volontärin am AlliiertenMuseum. In ihrem Masterstudium beschäftigte sie sich mit der Bildungs- und Vermittlungsarbeit in Museen und Gedenkstätten.

Chronik

1945 US-amerikanische Truppen marschieren in das von der Roten Armee bereits besetzte Berlin ein und beziehen ihren Sektor im Südwesten Berlins. Die US-Militärregierung wird eingerichtet und die Alliierte Kommandantur als oberste Staatsgewalt der vier Siegermächte tritt erstmals zusammen.

1948/1949 Auf die Erste Berlin-Krise mit der sowjetischen Blockade West-Berlins antworten die USA und ihre Verbündeten mit einer Luftbrücke zur Versorgung West-Berlins mit lebensnotwendigen Gütern.

1949 Gründungen der Bundesrepublik Deutschland und der Deutschen Demokratischen Republik. Berlin bleibt Vier-Mächte-Stadt.

1950 US-General Lucius D. Clay übergibt die mit amerikanischen Spenden finanzierte Freiheitsglocke für das Rathaus Schöneberg.

1961 Mit der amerikanisch-sowjetischen Panzerkonfrontation am Checkpoint Charlie droht, kurz nach Beginn des Baus der Berliner Mauer, die Zweite Berlin-Krise militärisch zu eskalieren.

1963 US-Präsident John F. Kennedy bekennt am Rathaus Schöneberg: »Ich bin ein Berliner«. Die bereits früher zugesagten weitgehenden politischen und militärischen Garantien für West-Berlin werden bekräftigt.

1971/1972 Das Vier-Mächte-Abkommen über Berlin und ein Grundlagenvertrag zwischen den beiden deutschen Staaten sichern die Lebensfähigkeit der Inselstadt West-Berlin.

1987 US-Präsident Ronald Reagan fordert vor dem Brandenburger Tor: »Herr Gorbatschow, reißen Sie diese Mauer nieder!«

1990 Der Zwei-Plus-Vier-Vertrag wird unterzeichnet und die Vier-Mächte-Rechte werden aufgehoben. Die DDR tritt der Bundesrepublik bei, das vereinte Deutschland erlangt volle Souveränität.

1994 US-Präsident Bill Clinton entbindet die Streitkräfte von ihrer seit 1945 andauernden Mission in Berlin. US-Truppen werden mit Paraden und Großem Zapfenstreich aus der Stadt verabschiedet und ziehen ab.